Près de Boluos, à travers les grandes herbes. Plus de route.

Voyage au Cambodge

(de Saïgon à Angkor)

Le Cambodge vient d'être le théâtre d'un exploit qui mérite de prendre place au Livre d'or de l'automobile.

M. le duc de Montpensier a accompli au mois de mars dernier ce tour de force que l'on jugeait impossible d'aller de Saïgon aux ruines d'Angkor en voiture, à travers la forêt vierge, les rizières, franchissant les cours d'eau, surprenant les populations, interdites à la vue de la « voiture à feu ».

M. Pierre Jeantet, directeur de la *Cochinchine française*, a interviewé l'intrépide voyageur à son retour de cette aventureuse expédition et en a publié dans son journal, le récit plein d'intérêt que voici :

L'aventureuse expédition que la plupart de nos concitoyens croyaient impossible et irréalisable et que vient d'accomplir heureusement M. le duc de Montpensier accompagné de M. le comte de Bernis, a démontré, une fois de plus, ce que peuvent une volonté opiniâtre et une indomptable énergie au service d'une robuste santé et d'une ceinture dorée.

Depuis la rétrocession à la France des provinces cambodgiennes que Norodom appelait son Alsace-Lorraine, les imposantes ruines d'Angkor sont dans le territoire de l'Indochine française.

Confiées à la sollicitude éclairée de la mission française d'Extrême-Orient, ces précieux monuments archéologiques seront désormais entretenus et attireront les amateurs du grand tourisme.

Repos de nuit à Suong. — L'abri de la voiture.

Les ruines d'Angkor figurent sur les itinéraires des grandes agences des deux mondes.

Les touristes qui arrivent à Saïgon pendant la saison des hautes eaux peuvent, quoique dans de mauvaises conditions, visiter les ruines, mais tous ceux qui viennent ensuite se trouvent dans l'impossibilité absolue de satisfaire leur curiosité.

M. le duc de Montpensier eut alors l'idée de démontrer, par une expérience hardie, que l'on taxa de téméraire, qu'il était possible de se rendre directement par terre à Angkor, non pas en un voyage d'exploration pédestre ou par charrette à bœufs ni à cheval, ce qui est à la portée de tout le monde, mais au moyen d'une automobile, reine du progrès des temps modernes.

Il revint donc cette année amenant avec lui une *Lorraine-Diétrich* de 35 HP., gréée et équipée *ad hoc* et confiée aux soins de son chauffeur M. Guérin.

*
*

La personnalité de M. le duc de Montpensier est complètement en dehors de la question dont nous nous occupons et qui mérite au plus haut degré d'attirer l'attention des pouvoirs publics.

Certes, le prince français ne recherche nulle popularité et ne poursuit aucun dessein politique. Il lui plaît d'excursionner dans nos colonies et sa fortune lui permet de satisfaire des fantaisies que tout le monde sans parti pris jugera certainement intelligentes.

Nous devons donc faire abstraction complète de ce point de vue particulier et ne considérer qu'un Français apportant son tribut à la prospérité de notre colonie par l'expérience d'une conception hardie destinée à attirer chez elle les riches visiteurs du monde entier.

Or, jusqu'ici les merveilles d'Angkor ne sont accessibles qu'une partie de l'année et encore dans des conditions assez difficultueuses pour rebuter nombre de touristes qui ont à pourvoir eux-mêmes aux frais supplémentaires du voyage de Saïgon à Siemreap et Angkor, ce voyage ne pouvant être compris dans les forfaits des agences.

Il faut bien remarquer que les clients de ces dernières se recrutent principalement parmi la classe de gens for-

Descente des rives du Mékong.

tunés qui veulent bien voyager confortablement, à la condition de n'avoir à s'occuper d'aucun des détails matériels de leurs excursions.

Nous ne tirerons parti des ruines d'Angkor que si nous offrons au touriste la facilité de s'y rendre à toute époque de l'année, assez rapidement et dans des conditions avantageuses sous le rapport du prix et du confortable.

C'est à ce point de vue que l'expérience de M. le duc de Montpensier offre le plus grand intérêt et mérite d'être signalée et applaudie, de même que pour en avoir pris l'initiative et pour avoir exécuté ainsi un tour de force indiscutable.

Ici, nous sommes bien placés pour savoir qu'il ne s'agissait nullement d'une partie de plaisir et qu'il y avait plus que du courage, de la témérité à se lancer dans une automobile à travers la forêt vierge, la jungle et les plaines sablonneuses coupées de cours d'eau plus ou moins dangereux à franchir et remplacées parfois par des marécages ou des fondrières nauséabonds, en des régions inhabitées.

Autre chose est de faire de l'automobilisme sur des routes, en pays peuplé et exploité, que de se lancer sur des pistes en pleine forêt ou à travers la campagne inculte et sous un climat tropical inclément.

Cette randonnée de six semaines a été suivie avec curiosité et intérêt par la population de Saïgon et M. le duc de Montpensier a bien voulu nous faire, à l'intention de nos lecteurs, le récit détaillé de son voyage et des péripéties qui ne pouvaient manquer de se dérouler le long de la route qu'il a le premier suivie à travers le territoire cambodgien.

Sur le territoire annamite jusqu'à la limite de la province de Tây Ninh, il n'y avait qu'une promenade que tout le monde connaît, mais il n'y a aucun rapport entre les circonscriptions cochinchinoises frontières et leurs voisins du Cambodge. Chacun des deux pays ignore l'autre et ne s'occupe nullement de relier leurs intérêts au moyen de voies de communication pouvant faciliter les échanges entre indigènes des deux races si différentes entre elles que le sont les Annamites et les Cambodgiens.

On prépare un pont provisoire pour amener la voiture jusqu'au bateau.

C'est là une erreur qui n'aurait pas dû se perpétuer si longtemps alors qu'elle est reconnue également des deux gouvernements. Ce sont prétendent-ils les crédits qui manquent et cette raison semble pitoyable dans deux pays aussi riches que le sont l'un et l'autre.

L'expérience de M. le duc de Montpensier aura toujours servi à familiariser l'opinion publique avec une idée économique féconde et susceptible du plus heureux effet dans notre colonie de Cochinchine aussi bien qu'auprès des chefs d'administration des deux pays.

Le dimanche 15 mars, tous les préparatifs étant terminés, le départ eut lieu de Saïgon. Le chauffeur Guérin était au volant de la *Lorraine-Diétrich* où avaient pris place MM. le duc de Montpensier et le comte de Bernis, emmenant avec eux un cuisinier annamite recruté un peu hâtivement à Saïgon.

La voiture avait été chargée de bidons d'essence, de vivres de conserve, d'objets de campement et d'outils. De plus, des charrettes à bœufs avaient été louées pour transporter l'essence et les vivres qui n'avaient pas trouvé place dans l'auto. L'itinéraire choisi passait par Tay-ninh, Krek, Kompong-chan, Kompong-thom et Siêm-réap.

La première étape, Tay-ninh, ne fut qu'une promenade.

Le lendemain matin, dès six heures et demie, les touristes se mettaient en route, avec le dessein de coucher à Krek, distant de 96 kilomètres.

A partir de ce moment, le duc de Montpensier prenait personnellement la direction de l'auto, qu'il devait conserver jusqu'à la fin.

La route ne se prolongeait pas bien loin au delà de Tay-ninh; on se trouva en présence d'une piste fréquentée par les charrettes à bœufs et dont les roues en bois ont creusé des ornières profondes jamais comblées.

La voiture est amenée, non sans peine, sur le bateau qui va lui faire traverser le Mékong.

Cette piste s'enfonçait dans la forêt vierge où des lianes inextricables s'opposaient au passage de l'auto, tandis que sur la piste, les troncs des arbres coupés avaient une trop grande hauteur pour que la voiture puisse passer par-dessus.

Il fallut sortir les outils. Le prince et ses compagnons s'armèrent chacun d'une hache, qui pour couper les lianes, qui pour dessoucher ou abattre les troncs d'arbres sur la piste. Les débris étaient jetés dans les ornières, puis au moyen de pelles on comblait celles-ci de façon à permettre à l'auto d'avancer.

On arriva ainsi à Sroc Kiet ayant parcouru 28 kilomètres dans la journée. Ici il s'agissait de traverser la rivière où il n'y avait guère plus de 30 centimètres d'eau sur la rive. L'opération paraissait donc facile et la voiture s'engagea dans la rivière traitée par une quarantaine de Cambodgiens, mais arrivée au beau milieu du lit, elle rencontre un banc de vase et s'enlonce sous l'eau profonde à cet endroit de 1 m. 20 environ. Les touristes se jettent à l'eau pour retenir la machine mais ce geste eut été inutile sans le redoublement d'efforts des Cambodgiens qui arrivèrent à haler la voiture sur la berge à proximité du village de Tapang-prey où il fallut camper pendant 5 jours pour démonter, nettoyer et remonter tous les organes de la machine.

Les vivres, à l'exception des boites soudées furent perdus, de même que la provision d'essence qui se trouvaient dans la voiture. Les malles de vêtements et de linge avaient été remplies d'eau.

Le début de l'expédition s'annonçait mal et aurait découragé de moins vaillants explorateurs.

Mais il y avait pis. Dans la traversée de la forêt, le chauffeur en voulant écarter une liane, avait eu la main prise entre la liane et la capote de l'auto; il en était résulté une plaie qu'il était difficile de soigner; les muscles avaient été froissés et le malheureux Guérin ne pouvait plus se servir de sa main qui le faisait terriblement souffrir. Et cependant il lui fallut absolument prêter son concours pour la mise en état du moteur.

Le 20 mars, dans l'après-midi, nos explorateurs lèvent le camp et se dirigent sur Krek, ayant toutefois l'intention de coucher à Tampho distant d'environ 26 kilomètres.

Ici ce n'était plus la forêt avec ses souches, mais la plaine sablonneuse où l'auto s'enfonçait et patinait sur place sans pouvoir avancer.

Ayant constaté l'impossibilité de faire avancer la voiture par ses propres moyens, il fut décidé de la faire traîner par des buffles, à quoi les indigènes se prêtèrent volontiers, sachant qu'ils seraient largement rémunérés.

La petite caravane arriva à Tampho à minuit et demi.

Dès le lendemain matin à 6 heures on repart pour Krek, distant d'environ 24 kilomètres. Il faut de nouveau s'engager dans la forêt, puis dans le sable, ce qui oblige à faire remorquer l'auto par huit buffles.

Enfin on arrive à 4 heures du soir à Krek, étape de repos. Le lendemain dimanche, on vérifie la machine.

Le départ a lieu le lundi à 11 h. 1/2 du matin et on arrive à 4 h. 1/2, ayant parcouru 45 kilomètres, à Suong où l'hospitalité est offerte dans une bonzerie.

Toutefois les charrettes de bagages n'étant pas encore arrivées, les voyageurs durent se contenter d'une natte sur le carreau pour tout couchage.

Le lendemain matin à 10 heures, on se remet en route. Il resta à peu près 35 kilomètres pour arriver à Kompong-Chan.

Le voyage se fait sans incident jusqu'à 4 ou 5 kilomètres du fleuve sur l'autre rive duquel se trouve Kompong-Chan.

L'auto traverse une plaine de hautes herbes dans lesquelles se trouvent dissimulées des souches dont l'une produit de graves avaries. On se trouvait alors heureusement à peu de distance d'un centre civilisé, où l'accueil le plus aimable et le plus empressé attendait nos explorateurs, à la résidence de France occupée par M. Beaudoin. Le transbordement de la voiture à travers le Mékong se fit sans difficulté grâce aux moyens dont pouvait disposer le résident Beaudoin.

Nous avons dit que l'auto avait besoin de sérieuses réparations. Pendant que le mécanicien s'en occupait, le prince se livrait au plaisir de la chasse et son adresse en péripéties toujours les mêmes d'une traversée de brousse ou de forêts ou de rizières comme ce fut ici le cas.

Une lettre du résident de Kompong-thom, M. Chambert, attendait les voyageurs à Barai où par ses soins avaient été envoyés 5 chevaux et 5 éléphants.

Les animaux accompagnèrent le convoi et furent mis à contribution quand il s'agissait de déhaler l'auto embourbée dans la vase ou dans le sable.

Il parait inutile de réditer les péripéties toujours les mêmes d'une traversée de brousse ou de forêts ou de rizières comme ce fut ici le cas.

Au bout de trois jours, les nobles hôtes de M. Beaudoin quittèrent à regret la cordiale hospitalité qu'ils avaient trouvée à la Résidence et se mirent en route pour Kompong-thom.

Pendant la randonnée, les voyageurs campent dans la brousse; la voiture est abritée sous des nattes pour amortir l'ardeur des rayons de soleil.

Après la traversée du Mékong, on débarque à Kompong-Chang.

Le pont volant de Pnou. — Un étai cède, la voiture va enfoncer.

Pris dans les sables, il faut bien avoir recours aux buffles.

A Kompong-thom, une cordiale réception attendait nos explorateurs chez le résident Chambert où ils furent obligés de séjourner une huitaine de jours, à cause de l'état inquiétant de la blessure de M. Guérin.

Cette plaie s'était envenimée ; un phlegmon s'était produit; la main enflait démesurément et il était urgent d'aviser.

Il fut décidé que M. Guérin irait en chaloupe à Kompong-chang, le poste médical le plus rapproché. M. de Bernis avait tenu à faire le voyage également.

Une opération fut jugée nécessaire et pratiquée par le médecin du poste de Kompong-chang, après quoi, ayant rallié Kompong-thom, on quitta ce poste où M. Chambert avait rivalisé de complaisance avec son collègue de Kompong-chang.

C'était le 10 avril.

Deux jours après, on atteignait Siêm-reap.

Le lendemain, 13 avril, l'auto entrait triomphante à Angkor et se présentait devant la grande porte après avoir franchi les gradins qui y donnent accès.

La visite des ruines en compagnie de M. Commaille, le retour à Kompong-chang par les premières pluies battantes de la saison qui commençaient à inonder la plaine, n'ont point d'intérêt en présence du fait, c'est-à-dire de l'exécution du programme.

Le duc de Montpensier a conduit la *première* automobile aux ruines d'Angkor.

Par ce temps de records, cette expédition si heureusement réussie peut être considérée comme la plus remarquable de toutes celles qui ont été tentées jusqu'à ce jour. Il a fallu une énergie, une ténacité, une endurance surhumaines pour vaincre les obstacles

Plus d'essence. — Le retour dans l'eau au Cambodge.

de toutes sortes et les éléments déchaînés ; il a fallu aussi, ajoutons-le, une bonne voiture, en état de répondre aux efforts constants que lui demandait son courageux équipage.

Et, comme le fait remarquer très justement notre confrère colonial, il faut voir dans ce raid automobile autre chose qu'un événement sportif, il faut considérer les heureuses conséquences que peut avoir pour la colonie française l'audacieuse randonnée de M. le duc de Montpensier. C'est une contribution purement gracieuse aux études qui, un jour ou l'autre, seront entreprises pour faciliter l'accès d'une des curiosités mondiales les plus remarquables : les ruines d'Angkor.

Tous les records n'ont pas une portée si haute.

L'Automobile de M. le duc de Montpensier devant les ruines d'Angkor.

Paris.- Imp. PAUL DUPONT (L. GILLET, Dir^r). — 1432.11.08

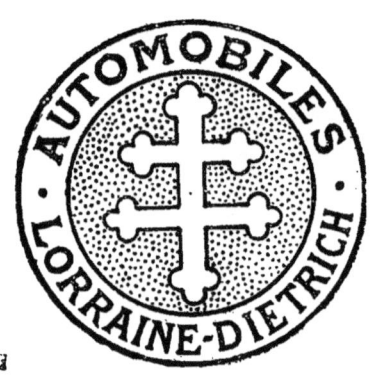

PARIS
Imprimerie
Paul DUPONT